Wien

Reiseführer

Der perfekte Reiseführer für einen unvergessli-chen Aufenthalt in Wien inkl. Insider-Tipps und Packliste

Amelie Loerts

✈ INHALT

Das erwartet Sie in diesem Buch

Einmal nach Wien, mit der Pferdekutsche durch die Stadt, am Stephansdom vorbei mit kurzem Abstecher zum Sisi-Museum und dem Wiener Prater, endend im Café Sacher, um die beliebteste, schokoladige Torte Wiens zu genießen. Ich ergründe für Sie in diesem Buch, was Sie erwartet und was Sie entdecken können in der österreichischen Hauptstadt!

Warum genau Wien Ihr Reiseziel sein sollte, werde ich Ihnen nicht nur kulinarisch und kulturell beweisen, sondern auch architektonisch und künstlerisch.

In diesem Buch erfahren Sie alles rund um die beliebte Großstadt. Nicht nur interessante Touristenformation, sondern auch Insidertipps, wie und was Sie alles in drei Tagen erleben können, ohne dabei bankrottzugehen.

Auch günstig kann man sich in Österreich einen wundervollen Kurztrip leisten und viel erleben.

Die besten Wiener Kaffeehäuser und Restaurants mit dem leckersten berühmten Wiener Schnitzel oder Tafelspitz. Nicht zu vergessen: die berühmten Wiener Würstelbuden mit Käsekrainer und Buhren-Wurst. Ich verspreche Ihnen nicht zu viel und führe Sie zu den Orten, an denen Geist und Körper verwöhnt werden.

Nachdem Sie das Buch gelesen haben, wissen Sie alles Wichtige und Ihr Besuch in Wien wird unvergesslich werden. Lassen Sie sich verführen und planen gemeinsam mit mir Ihren perfekten Urlaub in Wien!

Wien – das beliebteste Reiseziel

WARUM SOLLTE WIEN IHR NÄCHSTES REISEZIEL SEIN?

Genau diese Frage und noch viele weitere Fragen werde ich für Sie beantworten. Nachdem Sie das Buch gelesen haben, wissen Sie genau, dass Sie eine Reise nach Wien auf jeden Fall planen sollten.

Hier meine 10 Top-Gründe, warum sich eine Reise nach Wien lohnt:

1. Großes Kunst- und Kulturangebot
Wien hat die größte Auswahl an Museen, Theatern, Schlössern, aber auch architektonische Raritäten, wie das Hundertwasserhaus, was für Kunstliebhaber ein absolutes Muss ist.

2. Der Prater
Wer ein Fan von Freizeitparks, Achterbahnen, Spukhäusern und Riesenrädern ist, sollte unbedingt nach Wien und sich auf dem Prater austoben. Viele großartige Attraktionen sowie das 3-D-Kino und das Schokoladenmuseum können Sie dort besuchen.

3. Wiener Kaffeehäuser
Achtung, Leckermäuler und Zuckerschlecker! Hier ist der Hauptgrund für Sie, Wien zu besuchen. Die berühmten Wiener Kaffeehäuser, u. a. das Café Sacher, sind besonders für jeden Dessertliebhaber. Vom Punschkrapfen über Nusskipferl sowie Diplomatenschnitten bis hin

zur Sachertorte. Österreich ist bekannt für die besten Desserts der Welt. Aber nicht nur Torten, Kuchen und Desserts sind einmalig, auch der Eissalon Tichy mit dem weltbekannten Eismarillenknödel und Nusseisbusserl lässt die Herzen der Naschkatzen höher schlagen.

4. Wiener Schnitzel

Jeder liebt und jeder kennt es, aber warum sollte das ein wichtiger Grund sein, um nach Wien zu reisen? Ganz einfach: Es ist weltbewegend und nirgends auf der Welt so köstlich. Das hauchdünne Kalbsschnitzel mit der luftig welligen Panade zerschmilzt im Mund und Sie erleben eine wahnsinnige Geschmacksexplosion.

5. Tafelspitz im Plachutta

Tafelspitz zu essen ist nicht nur ein kulinarisches Erlebnis, sondern ist auch ein ritueller Vorgang mit bestimmten Beilagen und der leckeren Eierkuchen-Einlage in der klaren Brühe, indem das gute Stück serviert wird.

6. Würstelbuden

Die Würstelbuden haben wohl auch neben dem Wiener Schnitzel eine absolute Einzigartigkeit und tatsächlich finden Sie diese an buchstäblich jeder Ecke im Zentrum. Von der Buhren-Wurst bis zum Käsekrainer, man kommt nicht vorbei, ohne zu probieren, und das Besondere ist der frisch geriebene Meerrettich, auch Kren genannt, der immer dazu gegessen wird.

7. Donaustadt und -Center

Auch Shoppingherzen werden glücklich gemacht in Wien. An oberster Stelle ist das Donaucenter auch mit der auffälligen Deckenwelle, daher auch der Name, nicht nur von außen schön zu betrachten, sondern auch im Inneren finden Sie kunstvolle Wasserwände. Zudem finden Sie eine große Auswahl verschiedener Modeboutiquen, Schmuckgeschäfte und Schuhläden, die Ihr shoppingfreudiges Herz höher schlagen lassen.

8. Wiener Zoo

Tierfreunde finden im großen Wiener Zoo auch ihre Zerstreuung. Das Besondere an diesem Zoo ist die unglaubliche Größe und Vielfalt der Arten und ihre Aufteilung in die verschiedenen Welten. So können Sie allein schon 3 Tage mit einem Besuch füllen. Sie können zwischen Aquarium, Wüstenwelt und Dschungel Ihre Welt auswählen oder verschiedene besuchen.

9. Das Burgtheater

Das Burgtheater ist nicht nur für Künstler, Schauspieler und Bühnenfans ein beliebtes Ziel. Hier spielt auch die Prominenz wie Martin Wuttke oder Nicholas Ofczarek, der sozusagen der Lars Eidinger Wiens ist. Große Bühnenkunst, extravagante Stücke und ein unglaublich großer, prunkvoller Zuschauerraum über 3 Ränge mit edlen, roten Samtstühlen bietet ein bequemes Sitzvergnügen und keine Sichteinschränkung.

10. Der Stephansdom

Warum ich nun diese Sehenswürdigkeit als zusätzlichen Grund genommen habe, werden Sie auch im Kapitel über die Sehenswürdigkeiten finden. Hier vorab: Der Stephansdom ist das Zentrum, sozusagen die Kernzone Wiens. Dieses wahnsinnig hohe Gebäude umfasst über 4000 Stufen, die sich aber lohnen, wenn Sie diese erklimmen. Vom Dom haben Sie einen wunderschönen Blick über Wien und dieser dient auch als absoluter Lieblingstreff und Ausgangspunkt, an dem Sie sich orientieren können.

Wenn Sie nun immer noch nicht überzeugt sind, lesen Sie weiter und lassen Sie mich Ihnen zeigen, wie angenehm eine Reise nach Wien sein kann.

WIE REISEN SIE AM BESTEN?

Zug oder Fernbus? Flugzeug oder Auto? Was ist die beste und schnellste Möglichkeit, nach Wien zu kommen? Ich zeige Ihnen die Reisemöglichkeiten auf und stelle Vergleiche an bezüglich der Preise, der Umwelt und der Dauer der Reise. Damit Sie auch für sich die günstigste und bestmögliche Reisevariante finden.

Lassen Sie uns erst einmal betrachten, welche Möglichkeiten es gibt:

Fernbus/FlixBus
Zug/ICE
Flugzeug
Auto

Doch welche Alternative ist nun die bequemste, günstigste und schnellste Möglichkeit, von z. B. Berlin nach Wien zu reisen? Lassen Sie mich Vergleiche anstellen und Ihnen das Pro und Kontra aufzeigen.

● Preis

Eine Reise mit dem Fernbus/FlixBus kostet nur 39 bis max. 50 Euro.

Eine Zugfahrt zwischen 100 und 150 Euro!

Einen Direktflug können Sie auch für 100 Euro oder darunter erwerben, u. a. über EasyJet.

Vom preislichen Vergleich ist der FlixBus/Fernbus auf Platz Nummer 1.

● Länge

Im FlixBus/Fernbus brauchen Sie fast 12 Stunden, um Ihr Ziel zu erreichen.

Der Zug schafft es bereits in 7 bis 8 Stunden.

Ein Flug kostet Sie nur 1 Stunde.

In der Länge der Reise ist das Flugzeug die absolut schnellste Möglichkeit für Sie, nach Wien zu kommen.

● Komfort

Im Fernbus/FlixBus, einem eng gedrängten Bus, für über 10 Stunden ist es für Sie leider sehr beschwerlich und die Beinfreiheit kommt leider auch viel zu kurz.

Der Zug schafft es da schon eher durch Tische, Beinfreiheit und Speisewagen, Ihnen die Reise fast gemütlich zu gestalten.

Das Flugzeug ist leider noch enger und unkomfortabler als der Bus. Hier ist eindeutig der Zug Ihr Sieger. Doch wie finden Sie nun Ihre beste Möglichkeit, da jede Variante mindestens einmal absolut unschlagbar ist?

Um Ihre Entscheidung zu erleichtern, bringe ich Ihnen die Pros und Kontras der Reisemöglichkeiten näher!

Fernbus/FlixBus

Pro	Kontra
günstigster Preis	jedoch enge Sitzreihen
flexibel Umbuchen	sehr lange Fahrtzeit
kein Umsteigen	unsaubere, enge Toilette

Zug/ICE

Pro	Kontra
bequeme Sitze mit Tisch	hoher Ticketpreis
Speisewagen und Ruheabteil	öfter Verspätung
WLAN und Steckdosen	vermehrtes Umsteigen

Flugzeug

Pro	Kontra
Schnellster Reiseweg	langes Einchecken
Günstige Ticketpreise	nur bei Frühbucher
gute Beinfreiheit	Umweltverschmutzend

Auto

Pro	Kontra
intimes Reisen	hohe Benzinkosten
freie Zeit und Pausen	sehr lange Fahrt
abwechselnde Fahrer	häufiger Stau

Anhand der Pro- und Kontra-Punkte können Sie sehr schnell sehen, dass jede Möglichkeit gute und schlechte Seiten hat. Hier kommt es auch auf Ihre Bedürfnisse an. Mein persönlicher Tipp für Sie ist tatsächlich ein Direktflug, wenn Sie von Berlin nach Wien reisen möchten.

Obwohl diese Reisemöglichkeit keineswegs umweltbewusst ist, möchte ich Ihnen dennoch meine Entscheidung erläutern.

Mit einem Direktflug sind Sie innerhalb 1 Stunde bereits in Wien, auch wenn Sie vom Flughafen noch mit dem Zug in die City müssen. Auch hier können Sie im Preis ein günstiges Flugticket unter 100 Euro ergattern, wenn Sie früh genug buchen. Und was den Komfort betrifft, sind Sie hier auch auf der sicheren Seite, denn der Flug ist tatsächlich nur sehr kurz und die Sitze bieten viel Beinfreiheit.

Das heißt, dass Sie am günstigsten und schnellsten doch mit einem Direktflug nach Wien beraten sind.

Mein Insidertipp für die richtige Fluglinie: EasyJet, denn günstig, einfach und schnell! Ich hoffe, ich konnte Ihnen anhand des Beispiels Berlin/Wien die bestmögliche Empfehlung nahe bringen, sodass Sie tatsächlich sehr unkompliziert und schnell zu Ihrem Ziel gelangen können.

Doch wie Sie sich nun innerhalb Wiens bewegen, zeige ich Ihnen im nächsten Kapitel!

ÖBB – WIE BEWEGEN SIE SICH GÜNSTIG DURCH WIEN?

Die **ÖBB**, also die **Ö**sterreichischen **B**undesbahnen, sind das große öffentliche Verkehrsmittel-Netz, bestehend aus den dazugehörenden S-Bahn-Linien, der Badener Bahn und dem Netz der Wiener Linien, die sich aus U-Bahn, Straßenbahn und Autobuslinien zusammensetzen. Dazu kommt der City Airport Train und diverse private Autobuslinien.

Bevor ich Ihnen ein paar gute Angebote der ÖBB näherbringen möchte, begeben Sie sich kurz mit mir in die Entstehung des Liniennetzes Wiens.

Seit 1865 existiert die Wiener Straßenbahn. Die Wiener Linien betreiben ein 179 Kilometer langes Gleisnetz und sind damit das älteste und längste Straßenbahnnetz der Welt. 1898 eröffnete die Wiener Dampfstadtbahn, die 1925 zur der Wiener Elektrischen Stadtbahn wurde, sich dann um 1976 zur neu errichteten U-Bahn veränderte und um 1978 als erste Neubau-Teilstrecke Linie U1 eröffnet wurde. Am 23. März 1907 wurde der Autobuslinienbetrieb aufgenommen.

Mit der 24-Stunden-U-Bahn an den Wochenenden und der NightLine verfügt Wien über ein erstaunliches Nachtverkehrs- und Anrufsammeltaxinetz.

Aber auch, wenn Sie am Stadtrand wohnen und auf die öffentlichen Verkehrsmittel angewiesen sind, ist das überhaupt kein Problem. Tatsächlich werden die Wiener Linien durch verschiedene private Busunternehmen bedient, die Sie gut und sicher an Ihr Ziel bringen, auch nachts.

> Noch als kleine Info für Sie:
> Das Wiener Verkehrsnetz bildet gemeinsam mit den Bus- und Bahnlinien in Niederösterreich und dem Burgenland das **VOR: V**erkehrsverbund **O**st-**R**egion.

Die ÖBB hat, ähnlich wie bei anderen Großstädten, auch mehrere Ticketangebote. Doch welches ist für Sie das beste?

Einzel- oder Tagestickets? Touristentickets oder Wochenkarte? Wie ist die ÖBB aufgestellt und was gibt es zu beachten? Welches Ticket brauchen Sie wirklich, um gut von A nach B zu kommen. Es gibt viele Angebote, gerade auch für Touristen! Hier ist Vorsicht geboten und es fordert Ihr Geschick! Damit Sie nicht Ihr halbes Urlaubsgeld für unnötige Ticketkäufe ausgeben, erkläre ich Ihnen, wie das Liniennetz in Wien funktioniert, was es für Tickets gibt, sowie welches Ticket zu welcher Zeit genau die richtige Wahl ist. Insidertipps zum richtigen und günstigen Ticketkauf!

Hier nun die Auswahl der Ticketangebote Wiens:

€ 1,50

VOR Einzelfahrt Wien

€ 2,40

VOR 1 Tag Wien

€ 5,80

VOR 24 Stunden WIEN

€ 8,00

VOR 48 Stunden WIEN

€ 14,10

VOR 72 Stunden WIEN

€ 17,10

VOR Wochenkarte WIEN

€ 17,10

VOR Monatskarte WIEN

€ 51,00

Diese Tickets können Sie ganz einfach an jedem Ticketautomaten selbst erwerben. Die Ticketautomaten finden Sie an jedem Bahnhof in Wien. Wenn es zeitlich zu knapp für Sie wird, einen Automaten aufzusuchen, können Sie ganz einfach die ÖBB-App auf Ihr Android oder iPhone herunterladen und dort auch Ihr Ticket bequem auf Ihr Handy laden.

Diese oben angeführten Tickets sind für Bewohner, Reisende, Touristen und längerfristige Aufenthalte genau das Richtige.

Tatsächlich ist mein Tipp:

Die Zeitkarten von **24/48/72 Stunden Tickets** sowie die **Wochenkarte** sind das Günstigste und Bequemste für Sie. In der angegebenen Zeit können Sie unbegrenzt mit Bus, U- und S-Bahn sowie Straßenbahn fahren.

Sie wissen noch nicht, wann Sie verreisen möchten?

Hier bietet die ÖBB das **Standard-Ticket** an. Sie sind an keinen bestimmten Zug gebunden und können frei auswählen, wie Sie fahren möchten. Perfekt für Spontantrips und Reisen!

Sie sind nur auf der Durchreise? Hier ist das **Standard-Einzelticket** die richtige Wahl für Sie und je nach Fahrt 2 Tage gültig.

Sie möchten nicht den ganzen schönen Tag im Zug verbringen, sondern nachts fahren?

Das **Komfort-Ticket** macht es möglich und bietet Ihnen neben dem Fahrpreis auch eine Platzreservierung und Frühstück in einem bequemen Liege- und Schlafwagen. Allerdings ist es Zug-gebunden und nicht übertragbar.

Sie möchten als Gruppe günstig verreisen?

Das **Einfach-Raus-Ticket** ist eine Gruppenkarte und gilt für 2 bis 5 Personen. Der Vorteil hierbei ist: Je mehr Mitfahrer es gibt, umso günstiger wird der Preis des Tickets pro Person. Der Preis liegt hier bei 35,00 Euro.

Sie arbeiten, leben oder wohnen in Wien eventuell auch nur begrenzt für 1 Jahr?

Das **All-inclusive-Ticket** ist dann Ihre richtige Wahl und gilt ein ganzes Jahr in allen Zügen der ÖBB und vielen Privatbahnen. Der Preis liegt bei 1784 Euro also 4,90 Euro pro Tag!

Ideal für Pendler und Bewohner, die täglich auf die öffentlichen Verkehrsmittel angewiesen sind.

Auch für Sparfüchse hält die ÖBB passende Ticketangebote für Sie bereit:

Das **Sparschiene Österreich-Ticket** ab 9,- € gilt für die 2. Klasse und ab € 19,-* sind die Tickets für die 1. Klasse erhältlich.

Das **Sparschiene Komfort-Ticket** ab 14,- € bietet Ihnen flexible Möglichkeiten innerhalb Österreichs inklusive einer Sitzplatzreservierung.

Der **ÖBB Nightjet** transportiert Sie schon ab 29,90 € durchs Land.

Ich hoffe, ich konnten Ihnen einen guten Einblick in das Wiener Liniennetz und die ÖBB vermitteln. Nun steht Ihrem richtigen Ticketkauf nichts mehr im Weg. Bevor wir allerdings mit der Reise durch Wien beginnen, laden Sie sich auf jeden Fall die ÖBB-App herunter, um immer auf dem neusten Stand zu sein.

WIEN – HEUTE UND DAMALS

Um das heutige Wien zu verstehen und zu erkunden, springen wir in die Entstehung der heutigen Wiener Großstadt.

Begeben Sie sich mit mir in eine kleine historische und biografische Zeitreise mit den wichtigsten Fakten der Historie Wiens.

Bevor wir starten und gemeinsam zurückreisen, erkläre ich Ihnen kurz, wie die Stadt gegliedert ist.

Als politischer Bezirk wird Wien in 23 Gemeindebezirke unterteilt. Diese Bezirke werden mit Namen wie zum Beispiel **Ottakring** oder mit ihren Nummern bezeichnet, wie unter anderem der **16. Bezirk.** Diese Nummern setzten sich aus der 2. und 3. Stelle der Postleitzahl der jeweiligen Bezirke zusammen und sind auf jedem Straßenschild vor dem Straßennamen zu finden, wie z. B. **16., Thaliastraße.**

Dies ist auch wichtig für Ihre Orientierung, auch im öffentlichen Liniennetz.

Aber Wien besaß nicht immer diese 23 Bezirke, sondern musste mehrere Erweiterungen durch verschiedene geschichtliche Ereignisse über sich ergehen lassen.

Im Revolutionsjahr 1848 war die historische Altstadt noch eins mit dem Stadtgebiet. In den Jahren 1849/50, 1890/92 und 1904/05 kam es zu den ersten großen Stadterweiterungen unter Kaiser Franz Joseph. Dies geschah zu Beginn des Jahres 1850 mit der Gliederung der Vorstädte des Linienwalls in die Bezirke 2 bis 8.

1861 teilte man den 4. Bezirk in zwei Bezirke auf und 1874 wurden die Außengebiete des Linienwalls des 4. und 5. Bezirks zum neuen 10. Bezirk zusammengefasst. Mit den heutigen Außenbezirken des rechten Donauufers besaß Wien um 1892 bereits 19 Bezirke, die um 1900 mit dem nördlichsten 2. Bezirksteil zum 20. Bezirk ergänzt wurden und mit **Floridsdorf** zum 21. Bezirk um 1905. In Zeiten des Nationalsozialismus schuf die Diktatur am 15. Oktober 1938 **Groß-Wien** mit 26 Bezirken.

Durch ein Veto der Besatzungsmächte um 1954 verlor Wien einen Teil der Bezirke und bestand nur noch aus 17 Bezirken.

Da Wiens Stadtzentrum im 1. Jahrhundert n. Chr. von Römern belagert wurde, kann man sogar noch heute Spuren des Mauerverlaufs und die Straßen des Lagers erkennen. In dieser Zeit erhielt Wien zum ersten Mal das Stadtrecht.

Der Aufstieg Wiens und Österreichs begann im Jahr 955 mit dem Sieg in der "Schlacht auf dem Lechfeld."

976 wurde durch die Babenberger die Markgrafschaft Ostarrichi eingerichtet, da Wien bereits im 11. Jahrhundert ein wichtiger Handelsort war.

Nach Ende des 3. Kreuzzuges wurde Markgraf Leopold V. um 1192 in Wien Erdberg, der heutige 3. Bezirk und auch Haupthaltestelle des Fernbusses/FlixBus, festgenommen. Mit dem hohen Lösegeld wurde die 1. große Stadterweiterung und die Münzprägestätte eingerichtet.

1221 bekam Wien das Stadt- und Stapelrecht verliehen, wodurch große Handelsbeziehungen geschaffen wurden.

Die Herrschaft der Habsburger folgte mit dem Sieg Rudolfs I. über Ottokar II. von Böhmen.

Die Habsburger bauten die Stadt aus, um Schritt zu halten.

In dieser Zeit hat Rudolf IV. mit seiner Wirtschaftspolitik für Wohlstand gesorgt, für die Gründung der Universität Wiens um 1365 und den Bau des gotischen Langhauses St. Stephan.

Zur Residenzstadt des Heiligen Römischen Reiches wurde Wien um 1438 durch die römisch-deutsche Königswahl Herzog Albrechts V.

Der Stephansdom wurde 1469 zur Kathedrale und zum Bischofssitz.

Die Lehre Martin Luthers sorgte dafür, dass die Rekatholisierung 1551 protestantisch wurde.

Das Jesuiten-Kollegium wurde durch König Ferdinand I. gegründet. Dadurch kam die Universität Wien in Jesuitenhände und es folgten strenge Bücherzensuren.

Melchior Khlesl, der Bischof Wiens im 16. Jhd., war der wichtigste Repräsentant und sorgte für die Gegenreformation im Heiligen Römischen Reich.

Dieser Glaubenskrieg sorgte für brutale Enteignungen und Vertreibung der Protestanten aus Wien.

Aufgrund dieser Ereignisse bekam Wien 2015 durch die Gemeinschaften Evangelischer Kirchen in Europa den Ehrentitel "Reformationsstadt Europas" verliehen.

Die zweite Türkenbelagerung während der Entsatzschlacht am Kahlenberg 1683 sorgte für die endgültige Zurückdrängung des osmanischen Reiches.

Es entstand im Zuge des Wiederaufbaus Wiens eine Barockisierung, was zur Folge hatte, dass zahlreiche Adelpalais gebaut wurden.

So entstand auch 1704 der Linienwall, was ein großzügig angelegtes Befestigungssystem der Vorstädte war.

Im Zuge der Pestepidemien von 1679 bis 1713 wuchs die Bevölkerung und es entstanden in der Leopoldstadt die ersten Manufakturen sowie die ersten Entwicklungen von Kanalisation und Straßenreinigung.

Die Stadt blühte immer mehr zu einem der wichtigsten europäischen Kulturzentren heran und hatte ihren Höhepunkt mit der Musik der Wiener Klassik, u. a. durch Mozart, Haydn, Beethoven und Schubert.

1804 wurde Wien die Hauptstadt des Kaisertums Österreich. Nachdem Wien zweimal von Napoleons Truppen eingenommen wurde, fanden 1814/15 im Zuge des Wiener Kongresses neue politische Verhältnisse statt.

Es folgten Industrialisierungen durch die Epochen des Vormärzes und der Biedermeier-Kultur.

1837 eröffnete die erste Lokomotiv-Eisenbahnstrecke von Floridsdorf nach Deutsch-Wagram.

Im Jahr 1848 gingen zahlreiche Revolutionen nicht spurlos an Wien vorbei. Erst die Französische Revolution, dann die Märzrevolution und letztendlich die Oktoberrevolution.

1850 begann die erste Phase der Stadterweiterung von den Vorstädten bis hin zur Leopoldstadt. 1858 fand die Erbauung der Ringstraße statt, die Wien architektonisch entscheidend geprägt hat.

Die Donau sorgte für viele Überschwemmungen im Jahre 1830. Daher regulierte man sie so, dass sie nur noch als schnurgerader Hauptstrom fließen konnte und sie ihren Namen Donaukanal erhielt.

Mitte des 19. Jahrhunderts sprang der Bevölkerungszuwachs aus dem Rahmen, sodass Alt-Wien zu Wohn- und Geschäftshäusern umgebaut wurde.

Das hatte zur Folge, dass eine große Arbeiterklasse entstand. In dieser Zeit lebt übrigens auch Adolf Hitler in Wien und beschimpfte in seinem Werk "Mein Kampf" den Bürgermeister als gewalttätig.

Das Ende des Linienwalls war fertiggestellt und wurde durch den "Gürtel" als dritter Straßenring im Zuge der Stadterweiterung um 1890 ersetzt.

Die Stadtgrenze bestand allerdings noch bis 1922.

Den kulturellen Höhepunkt erlangte die Stadt um 1900 mit der "Wiener Moderne", die mit der Künstlervereinigung "Secession" Wien zu einem Jugendstil-Zentrum machte. Um

Arnold Schönberg entstand die "Zweite Wiener Schule" in der Musik und die Literatur "Jung-Wien" fand ihr Zentrum im Kaffeehaus.

Der Erste Weltkrieg führte zu langer Kriegs-dauer, indem hauptsächlich die Frauen sich wehrten gegenüber Plünderern u. a.

Mit dem Ende des großen Krieges entstand am 30. Oktober 1918 der neue Staat Deutschös-terreich.

Wien wird am 10. November 1920 durch das Bundes-Verfassungsgesetz zum eigenen Land erklärt.

Durch die Trennung vom Umland besaß Wien nun Steuerhoheit.

Die Politik zu dieser Zeit, Rotes Wien, sorgte für mehr Wohnbauten und Wohnraum sowie Sozialeinrichtungen.

Es folgte der Brand des Justizpalastes der 94 Todesopfer zur Folge hatte und Diktaturkanzler Engelbert Dollfuß verlor sein Leben aufgrund des Juliputsches.

Mit der Machtübernahme des NS-Regimes und Adolf Hitlers berühmter Anschlussrede auf dem Balkon der Wiener Hofburg begann die Arisierung und Ausrottung der Juden.

So wurden rund 60.000 jüdische Wiener von 200.000 ermordet, sodass nur noch 5.243 Personen übrig blieben.

Aber auch rund ein Fünftel der Stadt wurde durch fünfzig Luftangriffe am 17. März 1944 zerstört.

Die "Rote Armee" kämpfte am 5. April 1945 in einer achttägigen Schlacht um Wien und beendet somit die Herrschaft der Wehrmacht.

Der wirtschaftliche und wissenschaftliche Wiederaufbau Wiens wurde stark durch die Entstehung des Ostblocks gebremst.

Die Stadt lag in Trümmern und über 87.000 Wohnungen waren zerstört sowie zahlreiche Brücken, Kanäle und Gas- und Wasserleitungen.

Die Wiederherstellung der Funktionsfähigkeit der Stadt stand jetzt im Fokus.

Im Zuge dessen wurde Wien von 1945 bis 1955 in vier Sektoren aufgeteilt und Groß-Wien zählte als sowjetische Besatzungszone Niederösterreichs.

Nach Ende des 2. Weltkrieges sorgte die Sowjetarmee für den Aufbau einer neuen Stadtverwaltung.

Die Rote Armee ließ außerdem 1945 das "Heldendenkmal" bzw. "Befreiungsdenkmal" oder "Denkmal der Roten Armee" auf dem Stalinplatz errichten.

Der Marshallplan sorgte für einen wirtschaftlichen Aufschwung und verursachte den Aufstand der Bauern mit dem Oktoberstreik, der aber erfolglos blieb.

1946 kehrten 80 frühere Ortsgemeinden nach Niederösterreich zurück, wobei 17 in Wien blieben.

Die absolute Freiheit erlangte Wien durch den österreichischen Staatsvertrag am 15. Mai 1955 zurück.

Es folgten mehrere Flüchtlingswellen, von denen Wien viele Ungarn, Slowaken und Tschechen aufnahm.

Erst Ende November 1989 wurde Wien zum selbstverständlichen Reiseziel dieser Bürger.

Mehrere Organisationen fanden Sitz in Wien, unter anderem die IAEO, Internationale

Atomenergie Organisation, und die OPEC, Organisation Erdöl exportierender Länder. Das hatte zur Folge, dass 1979 das Vienna International Centre und das Austria Center Vienna zur UNO-City gebildet und damit zum 3. Amtssitz der Vereinten Nationen erklärt wurden.

Als "Twin City" (Zwillingsstadt) gehört Wien seit 2003 mit dem benachbarten Bratislava zur Europaregion Centrope und umfasst heut 3 Millionen Menschen.

1964 fand die Wiener Internationale Gartenschau mit dem Donauturm als Wahrzeichen auf einem der früheren Mistplätze statt.

1986 fertigte man die "Neue Donau" mit ihrem Donaustrom und der entstandenen Donauinsel, die zum beliebten Erholungsgebiet wurden, eingebettet vor dem Ende des 20. Jahrhunderts entstanden Wohnquartiere namens "Donau City".

2016 erreichte Wien dank des hohen Grünanteils des Stadtgebietes, sehr guter ökologischer Qualität, erstklassiges Gesundheitswesens, einer hohen sozialen und polizeilichen Sicherheit sowie eines hoch entwickelten

Bildungswesens und dichter kultureller Einrichtungen, einer effizienten öffentlichen Verwaltung sowie ein dichtes Netz an öffentlichen Verkehrsmitteln und Freizeitqualität den 1. Rang.

Daher ist es kein Wunder, dass Wien bis heute zu den Städten mit der besten Lebensqualität zählt.

Mit zu dieser Lebensqualität gehören zahlreiche kulturelle und künstlerische sowie architektonische Sehenswürdigkeiten, die ich Ihnen gern im übernächsten Kapitel vorstellen möchte. Zuerst beschäftigen Sie sich mit der Frage, ob Sie Wien zu Fuß oder zu Pferd entdecken möchten.

Die berühmten Pferdekutschen

Die berühmten Pferdekutschen Wiens namens Fiaker gehören – wie der Stephansdom und das Riesenrad – zum Höhepunkt vieler Touristen.

Die zweispännige Kutschfahrt ist die gemütlichste Art, um die Schönheiten Wiens zu entdecken.

Der ursprüngliche Begriff "Fiaker" stammt aber aus dem Französischen und bezieht sich auf den Lohnkutschen-Standplatz in der Pariser Rue de Saint Fiacre.

Die einst Janschky-Wagen genannten Kutschen wurden 1720 nummeriert und in Fiaker umbenannt.

Zwischen 1860 und 1900 stieg die Beliebtheit dieser Kutschen immer mehr an, sodass über 1.000 Fiaker in Wien unterwegs waren.

Als stadtbekannte Originale galten die Kutscher, die unter anderem auch als Sänger tätig waren.

Besonders geschätzt wurden diese aber nur, weil Sie die Liebeleien hoher Herrschaften im Fiaker still und diskret behandelten.

Der Leibfiaker von Kronprinz Rudolf war der berühmteste von allen und hieß Josef Bratfisch.

Bratfischs Liebeleien mit der Gespielin Mary Vetsera gingen aber leider nicht so wild zu, wie er es bei seinen Kutschfahrten erlebt hatte, und endeten leider tragisch.

Heute können Sie sich Wien ohne eine Fiaker-Fahrt nicht mehr vorstellen. An zahlreichen Orten können Sie Fiaker entdecken, wie am

Stephansplatz, Michaelerplatz, Albertinaplatz, Petersplatz und dem Burgtheater mit Volksgarten.

Sie können zwischen der kleinen und der großen Rundfahrt wählen.

Die kleine Rundfahrt für 55,- € dauert ca. 20 Minuten und führt durch die innere Altstadt Wiens.

Die große Rundfahrt für 80,- € dauert ca. 40 Minuten und führt Sie über die Ringstraße durch die Altstadt.

Außerdem gibt es noch zahlreiche weitere besondere Fahrten am Zentralfriedhof.

In dieser Tour können Sie die Naturschönheiten des Friedhofs und zahlreiche Ehrengräber entdecken, u. a. von Mozart, Schubert, Beethoven, Hans Moser, Falco und Adolf Loos. Viele dieser Namen werden Sie noch häufiger in diesem Reiseführer lesen.

Auch hier gibt es die kleine 30-minütige Rundfahrt für 50,- € und die große 60-minütige Rundfahrt für maximal 4 Personen mit dem stolzen Preis von 80,- €. Die Fahrten sind saisonal bedingt nur von Mitte März bis Anfang November verfügbar.

Ein weiteres, exklusives Fiaker-Erlebnis werden Sie mit der **Tour "Geheimnisse der Fiaker"** haben. In dieser Tour erfahren Sie nicht nur Wissenswertes über die Pferde und ihre Kutscher, sondern erhalten ebenfalls eine Führung durch die Stallungen am Rande Wiens. Dieses Erlebnis kostet Sie nur 25,- € und beginnt immer um 9.30 Uhr in der Rappachgasse 34a/Ecke Wachthausgasse im 11. Bezirk

Mit dem **Riding Dinner** erleben Sie außerdem kulinarischen Hochgenuss durch Speisen und Getränke der Wiener Traditionsrestaurants und -kaffeehäuser, wie dem "Augustinerkeller" und dem "Café Landtmann", was ich Ihnen später näher vorstelle, sowie "Zum Schwarzen Kameel", das Sie auch noch kennenlernen werden.

Besonders zu erwähnen sind die leider immer benachteiligten Rollstuhlfahrer.

Aber auch diese können im Fiaker durch eine spezielle Kutsche mit zweiter zusätzlicher Stufe und einer Betreuung auf der Bank der Kutsche Platz nehmen. Der Rollstuhl kann mitgenommen oder am Standplatz sicher verwahrt bleiben. Der Einstieg wird durch eine große Rampe entspannt am Burgtheater geleitet und findet immer von montags bis donnerstags von 11.00 bis 18.00 Uhr statt und freitags bis sonntags ab 10.00 bis 18.00 Uhr. Der Preis beträgt pro Stunde 110,- Euro und die Länge sowie die Route und der Treffpunkt können Sie im Vorfeld nach Ihren Wünschen besprechen.

Weiterhin gibt es noch Angebotsfahrten zum Prater und Lusthaus auf Anfrage.

Nun stellt sich nur noch meine Anfrage an Sie: Zu Pferd oder zu Fuß durch Wien? Natürlich denke ich, dass Sie sich für das Pferd entscheiden. Denn immerhin sind Sie ja nur einmal in Wien und warum dann nicht alle möglichen Angebote in vollen Zügen genießen.

Wir steigen ein und erleben eine spannende Fiaker-Fahrt zu den berühmtesten Sehenswürdigkeiten, die Sie im nächsten Kapitel nun endlich kennenlernen dürfen.

Der Kanal &
Dritte-Mann-Tour

Wir steigen ab in die Wiener Kanalisation und reisen in deren Geschichte bis in das Jahr 100 n. Chr.
zurück. Schon zur Römerzeit errichteten die
Soldaten des Militärlagers "Vindobona" das
erste modern anmutende Kanalsystem. Da die
Müllabfälle des mittelalterlichen Wiens auf den
Straßen oder im Bach landeten und deren Reste
durch Hochwasser wieder nach oben in die Donau geschwemmt wurden, war es kein Wunder,

dass zahlreiche Seuchen und Epidemien ausbrachen. Um 1739 wurde Wien Vorreiter und besaß als einzige Stadt eine vollständige Kanalisation. Trotzdem folgten weitere Seuchen, wie die Choleraepidemie im Jahre 1830, die 2.000 Tote forderte. Durch diese Katastrophe wurden alle Bäche Schritt für Schritt eingewölbt. Zudem entstanden die beiden "Cholerakanäle" parallel zum Wienfluss.

Bis zum Ausbruch des Ersten Weltkrieges zählten die ständige Verbesserung und der Ausbau der Kanäle zur wichtigen Leitlinie des städtischen Kommunalwesens. Die wirtschaftliche Lage Wiens verschlechterte sich in den 20er- und 30er-Jahren, wodurch der Ausbau der Kanäle sich verlangsamte. Durch über 1.800 Bombentreffer erlitt die Kanalisation massive Beschädigungen infolge des Zweiten Weltkrieges. Nachdem sich die Kanäle von den Schäden erholt hatten, ergänzte man ab 1950 das Wiener Kanalnetz durch leistungsfähige Kläranlagen. Mit der Errichtung der Hauptkläranlage im Jahr 1980 konnte die Abwasserentsorgung perfektioniert werden.

Heute verfügen über 99,7 Prozent der Bevölkerung über einen Kanalanschluss, was ein absoluter Spitzenwert ist. Die Hauptkläranlage in Simmering transportiert täglich 500.000 Kubikmeter Abwasser durch die Stadt.

Durch die ständige Erhaltung und Modernisierung der Kanalsysteme orientieren sich viele Experten an der Abwasserversorgung und an dem Gewässerschutz Wiens. Die Wiener Kanalnetzsteuerung bietet mit ihrem intelligenten Steuerungssystem einen weltweiten Meilenstein des Gewässerschutzes und sorgt dafür, dass es zu keiner Überflutung kommen kann. Mit dem Modernisierungsausbau der Hauptkläranlage Simmering und der Erbauung der Speicherkanäle unter dem Liesingbach im Jahr 2005 bleibt Wien seiner Vorreiterrolle treu. Die Besichtigung beträgt 10,- € Eintritt.

Doch jetzt fragen Sie sich bestimmt, was das Besondere an diesem Kanal ist, oder?

Der Wiener Kanal ist der Original-Drehort für den bekannten Orson Welles-Film „Der dritte Mann". Daher folgen Sie mir tiefer in die Unterwelt und erfahren Sie die Geschichte des dritten Mannes und lernen Sie mit mir die Filmcrew kennen.

Doch wie kam es dazu, dass dieser Film ausgerechnet in der Wiener Kanalisation gedreht wurde?

Graham Greene kam nach Wien, um dort Material zu sammeln für eine packende Kriminalgeschichte. In dieser Zeit prägten zahlreiche Flüchtlinge, Spione und Ruinen die einst so schöne, gemütliche Musikstadt. Dies bot Greene den perfekten Hintergrund seines Meisterthrillers. Denn sein "dritter Mann" sollte die politisch zerrissene Welt Wiens authentisch darstellen, was den Film zum absoluten Spionage-Highlight der Ost-West-Politik machte.

Was ist der Inhalt dieses Films? Der amerikanische Autor Holly Martins kommt im Februar 1947 in das vom Elend und Schwarzmarkt beherrschte Wien, um seinen Jugendfreund Harry Lime zu treffen, der bereits bei einem Verkehrsunfall gestorben ist. Auf dem Begräbnis erfährt Holly vom Chef der Militärpolizei Major Calloway mehr über die düstere Vergangenheit seines Freundes und beschließt, das Geheimnis seines Todes herauszufinden. Durch die Begegnungen zahlreicher Freunde und der Geliebten des Toten, Anna Schmid, gerät er immer mehr in die dunklen Machenschaften von Harry.

Dieser ist allerdings nur untergetaucht, um gefälschtes Penicillin illegal zu verkaufen. Hier bietet ihm die Wiener Kanalisation Schutz und Bewegungsfreiheit. Doch Major Calloway erkennt, dass er den falschen Mann begraben hat. Im Wiener Riesenrad wird Harry kaltblütig ermordet und so endet der Film, wo er auch begonnen hat: mit Harrys Begräbnis auf dem Zentralfriedhof.

Doch, was macht den Film so einzigartig? "Der dritte Mann" zählt zu den weltweiten großen Kinoleinwand-Klassikern und gilt als der "Wien-Film" schlechthin. Noch heute schwärmen Filmfans von den beeindruckenden Fluchtszenen in der Wiener Kanalisation und von der entscheidenden Riesenradfahrt über den Dächern Wiens sowie dem geheimnisvollen Auftauchen Harry Limes aus der Dunkelheit eines Haustors.

Der Klassiker ist heute noch aktuell und faszinierend zugleich.

Wer war die Filmcrew des "dritten Mannes"? Der Drehbuchautor war, wie schon erwähnt, Graham Greene und Regie führte Carol Reed mit einer unglaublich authentischen Atmosphäre zu Zeiten des Kalten Krieges in Wien. Für die ausgezeichneten Schwarz-Weiß-Fotografien sorgte Robert Krasker und Anton Karas für die legendäre Zithermusik. Einmaligen Kultstatus bekommt der Film durch die überragende Schauspiel-Persönlichkeit des Orson Welles als Harry Lime.

In weiteren Rollen überzeugten u. a. auch als Geliebte Harrys Anna Schmidt alias Alida Valli und Joseph Cotten in seiner Darstellung des Holly Martins. Ebenso stark brillierte Trevor Howard als Major Calloway sowie Bernhard Lee als Sergeant Paine. Unter anderem wirkten auch Paul Hörbiger als Harrys Hausmeister und Hedwig Bleibtreu als Annas Hausmeisterin mit. In den kleineren Rollen sah man Ernst Deutsch als Baron Kurtz, Siegfried Breuer als Popescu der

Rumäne, Erich Ponto als Dr. Winkel und nicht zuletzt auch Herbert Halbik als kleines Hansl.

Aber nicht nur das einmalige Ensemble, sondern auch der Filmstoff stehen heute als kaiserliches Prachtsymbol Wiens und Teil der politischen sowie kulturellen Identität der Stadt.

Insidertipp Dritte-Mann-Tour:

Mit der Führung durch den originalen Drehort in der Wiener Kanalisation folgen Sie nicht nur den Spuren des Hauptdarstellers Orson Welles, sondern erfahren mehr über das heutige und damalige Wien. Die Tour mit nur 10,- € am Girardipark an der U1/2/4 Karlsplatz ist von Mai bis Oktober von 10.00 bis 20.00 Uhr zu erleben. Die letzte Führung beginnt jeweils um 19.00 Uhr

Dies ist aber erst der Anfang unserer Sightseeing-Tour durch Wien. Lernen Sie nun im nächsten Kapitel die Kultur und Architektur berühmter Attraktionen kennen.

Sehenswürdigkeiten

KUNST UND KULTUR IN WIEN

Der **Prater** ist wohl der beliebteste Vergnügungspark in der Mitte Wiens. Vom Schokoladenmuseum bis hin zum 3-D-Kino, Jack-the-Ripper-House, Horrorclown-Achterbahn, Black Mamba und natürlich dem weltberühmten Wiener Riesenrad sind nur ein kleiner Teil von dem, was Sie erleben können im größten Park der Stadt.

Wenn Sie es eher ruhig angehen wollen und eine Pause von dem Trubel der Stadt einlegen möchten, laden die riesigen Grünflächen zum entspannten Spaziergang und Picknick ein. Auch der Minizug, die sogenannte "Liliputbahn

Wien" bietet ein schönes Fahrerlebnis. Sie erreichen den Prater über die U2 Messe Prater. Wenn Sie jetzt glauben, dass der Spaß sicherlich teuer ist, dann haben Sie sich geirrt. Für den Prater an sich müssen Sie keinen Eintritt zahlen, nur für die jeweiligen Attraktionen, die Sie besuchen wollen.

Daher mein Tipp: Beschaffen Sie sich erst einmal einen Überblick und dann wählen Sie sorgsam aus. Eines sollten Sie aber nicht versäumen und das ist das "Wiener Riesenrad". In den großen alten Waggons können Sie entspannt sitzen und genießen einen grandiosen Ausblick über Wien. Als Erinnerung können Sie noch zwei Bilder davon machen, wie Sie im Riesenrad sitzen, dass aber leider nur mit Aufpreis, dafür in einer schönen Fotomappe. Der Wiener Wurstelprater ist groß, aber noch viele weitere Attraktionen können Sie in Wien entdecken.

Ich entführe Sie zu den beliebtesten Museen und Schlössern, durch das Mozarthaus und zum Leopoldmuseum. Langeweile kommt da nicht auf. An jeder Ecke gibt es etwas zu sehen! Und wer mit den romantischen Schlösserwelten nichts anfangen kann – keine Sorge! Es gibt auch noch den gemütlichen Spaziergang durchs Zentrum am Stephansdom und an den leckeren Würstelbuden vorbei.

Da die Auswahl unglaublich ist, erlauben Sie mir meine Top 10 der Sehenswürdigkeiten kurz vorzustellen.

1. Schloss Schönbrunn

Die ehemalige Sommerresidenz der Habsburger, die einst außerhalb der Stadt lag, ist ein barockes Meisterwerk und ein Wahrzeichen Wiens aus der glorreichen Vergangenheit Österreichs. Das Schloss besteht aus 1441 Zimmern, von denen aber nur 190 zugänglich sind. Erleben Sie die Zeit der prunkvollen Bälle, Empfänge und entdecken Sie die prächtigen Säle des Kaisers Franz Joseph. Für Naturliebhaber hält das Gelände einen wunderschönen Park mit dem berühmten Denkmal der Habsburger, der Gloriette, bereit.

Am besten erreichen Sie das Schloss über die U-Bahn-Linie 4. Es liegt genau zwischen den beiden Stationen Schönbrunn und Hietzing.

Hier ein paar Insidertipps zum Ticketkauf! Es gibt verschiedene Angebote:

● Panoramazug Schloss Schönbrunn
Entdecken Sie mit dem Hop-On-/Hop-Off-Zug von 10.00 bis 17.00 Uhr für nur 8,- € die einmaligen Gärten des Schlosses. Neben der Gloriette können Sie noch 9 weitere Haltestellen benutzen – in Ihrem eigenen Tempo.

● Kaiserlichen Wagenburg im Schloss Schönbrunn
Für nur 9,50 € können Sie zwischen 9.00 und 17.00 Uhr den kaiserlichen und barocken Imperialwagen im Fuhrpark besichtigen und auf dem Sisi-Pfad wandeln Sie auf den Spuren der Kaiserin.

● Das Marionettentheater Schloss Schönbrunn
Mein Tipp für Puppen- und Theaterliebhaber: Die 250 Jahre Tradition mit modernster Bühnentechnologie ist für Österreich eine charakteristische und einzigartige Kunstform. Die

handgefertigten, wertvollen Figuren bieten fürstliche Unterhaltung und zeigen Ihnen faszinierende Marionettenopern, die selbst Kaiserin Maria Theresia zum Staunen brachten. Wählen Sie zwischen "Die magische Flöte", auch Zauberflöte, und "Sisis Geheimnis", die Liebesgeschichte der Kaiserin für 39,00 Euro.

2. Wiener Hofburg

Die Winterresidenz des Fürsten und der Regierungspalast sind heute der offizielle Sitz des Bundespräsidenten und ein architektonisches Wahrzeichen Wiens. Die Hofburg war ursprünglich eine Mittelalterfestung und wurde im 13. Jahrhundert erbaut. Aus dieser Zeit ist nur noch die "Burgkapelle" erhalten geblieben. Das Symbol der österreichischen Kultur und Monarchie wurde von den Habsburgern, einer mächtigen Monarchen-Familie, erweitert und zu dem wunderschönen Schloss von heute. Der Eintrittspreis liegt bei 12,- €. Am besten erreichen Sie die Hofburg über die U1/U2 Stephansplatz oder die U3 Herrengasse.

3. Schloss Belvedere

Diese prächtige Barockarchitektur wurde im 18. Jahrhundert als Sommerresidenz des Prinzen erbaut und besteht aus dem Oberen und Unteren Belvedere, die durch einen weitläufigen Hauptgarten über drei Terrassen voneinander getrennt sind. Heute umfasst das Museumsschloss weltweite Sammlungen verschiedener weltberühmter österreichischer Künstler wie Gustav Klimt, aber auch französische Impressionisten wie Schiele, Kokoschka, Renoir, Monet und natürlich van Gogh. Über die U1 Südtiroler Platz oder Taubstummengasse können Sie dieses prächtige Schloss am besten erreichen. Der Eintrittspreis beträgt 24,-€.

4. Die Spanische Hofreitschule

Bewundern Sie die grauen Junghengste und voll ausgebildeten Schulhengste. In der Spanischen Hofreitschule bekommen Sie einen Einblick in das Training der Reiter und ihrer Lipizzaner mit klassischer Wiener Musikbegleitung – von Lockerungsübungen bis hin zur Perfektion und Verfeinerungen verschiedener Übungen und den berühmten Hochsprüngen. Erleben Sie die unterschiedlichen Gruppen von Hengsten in verschiedenen Ausbildungsniveaus. Ein absolutes Muss für Pferde- und Tierliebhaber für nur 16,-€.

5. Die kaiserliche Schatzkammer

Tauchen Sie in die 1000-jährige europäische Geschichte ein und erleben Sie eine faszinierende Reise der Frömmigkeit und Religion durch die mittelalterlichen Reliquien über die katholischen Habsburger bis hin zur Ära der Gegenreformation. Es erwartet Sie die wichtigste Sammlung königlicher Objekte und Glanzstücke, wie die Krone Kaiser Josephs II. und der legendäre Heilige Gral.

6. Das kunsthistorische Museum Wien

Das von Kaiser Franz Joseph erbaute, prächtige und berühmteste Museum mit einem überwältigenden Kunstgenuss ist an der Wiener Ringstraße zu finden. Entdecken Sie die reiche Sammlung der Habsburger Dynastie und bestaunen Sie Exponate vom alten Ägypten über die griechische Antike bis hin zum 18. Jahrhundert.

> Insidertipp Ticketkauf:
> Wenn ich Sie für beide Sehenswürdigkeiten begeistern konnte, wählen Sie das Kombiticket für nur 22,- €, mit dem Sie das kunsthistorische Museum und die Schatzkammer besuchen können.

7. Albertina

Das Kunstmuseum ist eine historische Residenz der Habsburger im Palais Erzherzog Albrechts. Seinen Namen verdankt das Museum dem Herzog von Sachsen-Teschen Albert Casimir, der die universalistische Sammlung von rund 1 Million Zeichnungen und druckgrafischen Blättern von der Renaissance bis zur Gegenwart nach Wien holte. Gegründet wurde es um 1805. Der Eintritt ist 16,90 € und ist zu erreichen über die U1/2 Stephansplatz oder die U4 Karlsplatz.

8. Leopoldmuseum

Die moderne österreichische Kunstsammlung umfasst unter anderem auch die weltweite und größte Sammlung expressionistischer Werke von Egon Schiele. Über fünf Jahrzehnte erstellte Rudolf Leopold diese einzigartige Kunstsammlung, daher auch der Name des Museums. Über die U2 mit der Station Museumsquartier können Sie für 14,- € diese Werke bestaunen.

9. Mozarthaus

Folgen Sie Mozarts Spuren und tauchen Sie in das Leben dieses schillernden Komponisten ein. Das über sechs Etagen gehende Haus umfasst mit 1000 Quadratmetern u. a. die original erhaltende Wohnung Mozarts im ersten Stock, die aus vier Zimmern, zwei Kabinetten und einer Küche geradezu herrschaftlich erscheint. Der Komponist verbringt von 1784 bis 1787 seine glücklichsten Jahre in dieser Wohnung. Mit 11,- € können Sie über die U1/2 Stephansplatz das schillernde Leben Mozarts erkunden.

> Insidertipp Ticketkauf:
> Musikliebhaber können für 18,- € das Haus der Musik und das Mozarthaus zu einem günstigeren Preis besuchen.

10. Der Stephansdom

Der "Steffl", so von den Wienern genannt, ist ein österreichisches Nationalheiligtum und Wahrzeichen Wiens. Zuerst 1365 als Domkirche, dann 1469/1479 Bischofssitz und Kathedrale und zum Schluss Metropolitankirche des Erzbischofs. Namensgeber ist der heilige Stephanus. Das wichtigste gotische Bauwerk Österreichs ist 107 Meter lang und 34 Meter breit und umfasst vier Türme. Der 135,4 Meter hohe Südturm ist der höchste und beinhaltet 13 Glocken, aber nur 11 davon läuten und die "Pummerin" ist die drittgrößte, freischwingende Glocke Europas. Der Nordturm umfasst nur 68 Meter, da er nicht fertiggestellt wurde. Die Westfassade besteht aus den zwei Heidetürmen die 65 Meter hoch sind. Wenn Sie gut aufgepasst haben, wissen Sie schon, dass sich der Stephansdom zentral auf dem Stephansplatz befindet. Von dort aus

können Sie alle Sehenswürdigkeiten gut erreichen, denn mit der U1/2 können Sie in alle möglichen Richtungen fahren.

Sehenswürdigkeiten sind nichts für Sie?
Kein Problem, denn auch da hat Wien die Lö-
sung! **Das Hundertwasserhaus** ist eines der
bekanntesten und außergewöhnlichsten Kunst-
werke in Wien. Es ist ein beliebtes Touristenziel
und bietet einen bunten und verrückten Gegen-
satz zur nüchternen, modernen Architektur.
Diese Kombination aus alter und moderner Architektur finden Sie auch u. a. im Gasometer. Der
250 Meter hohe DC-Tower führte zur architek-
tonischen Wende in Wien und nicht zuletzt auch
der 200 Meter hohe Millennium Tower als
höchstes Hochhaus.

Sie können sich nicht entscheiden, möchten
mehrere Attraktionen besuchen, aber nicht immer ewig anstehen?

Insidertipp Ticketkauf Flexi Pass:

Mit dem Flexi Pass können Sie für 45,- € drei, vier oder gleich fünf Sehenswürdigkeiten genießen und durch die detaillierte Broschüre können Sie sich selbst Ihre Favoriten herauspicken.

Sie sind mehr der Fitnessmensch und wollen sich selbst durch die Stadt bewegen?

Insidertipp Ticketkauf Wienkombi Tour:

Mit ihren lizenzierten Reiseleitern erleben Sie Wien mit dem Fahrrad und zu Fuß noch näher und erfahren detaillierte Infos für nur 45 Euro mit inbegriffener Mittagspause von 13.00 bis 14.30 Uhr. Das Essen zahlen Sie allerdings selbst, können sich dafür jedoch jedes Restaurant aussuchen, welches Ihnen zusagt.

Sie wollen über mehrere Tage Wien erleben und besichtigen?

> Insidertipp Ticketkauf Vienna Pass:
> Das absolut günstigste Highlight können Sie mit dem Vienna Pass mit schlappen 79 Euro und über 60 Attraktionen und kostenloser Stadtführung erleben. Sie wählen, ob Sie Wien in 1, 2, 3 oder gar 6 Tagen entdecken wollen.

Sie sehen also die große Vielfalt Wiens und es liegt noch viel vor Ihnen. Bevor wir uns in den Wiener Kaffeehäusern durch süße Nervennahrung stärken, möchte ich mit Ihnen einen kurzen Abstecher in das Theater- und Opernleben Wiens machen.

Nicht nur der alljährliche Opernball der "Wiener Staatsoper", sondern auch die typisch wienerischen Operetten und Musicals pflegen die Operntradition mit Aufführungen in der Originalsprache in der "Volksoper".

So auch die "Wiener Kammeroper", die mit ihrem jungen Ensemble seit 2012 alte, aber auch neue Opern traditionsfern aufführt.

Das älteste englischsprachige Theater wurde 1963 gegründet mit dem Namen "Vienna's English Theatre" und ist perfekt für Sie, wenn Ihr Englisch doch etwas besser werden sollte.

Für Konzertliebhaber und Anhänger der klassischen Musik finden im "Goldenen Saal" des "Wiener Musikvereins" und im "Wiener Konzerthaus" interessante Konzerte statt.

Das "Theater an der Wien" gilt seit 2006 als drittes Opernhaus der Stadt und feiert mit "Elisabeth" als erfolgreichste Musical-Uraufführung weltweite Erfolge.

Neben dem "Volkstheater" und dem "Theater in der Josefstadt" sowie zahlreicher Kleinkunst und Kabaretts ist das "Burgtheater" eines der renommiertesten deutschsprachigen Sprechtheater ergänzend mit der Zweitbühne, dem "Akademietheater" ist eines der wichtigsten und namhaften Schauspielhäuser der Welt.

Insidertipp Burgtheater:

Nicolas Ofczarek ist der Lars Eidinger Wiens und einer der bekanntesten Wiener Schauspieler.

In "Mephisto" spielt er die Hauptrolle und ist, neben dem grandiosen Bühnenbild und Live-Schlagzeug, einfach atemberaubend. An der Abendkasse können Sie günstige Tickets erwerben. Es lohnt sich auch, spontan hereinzuschauen.

Aber auch für die kleinen Mäuse gibt es viele Möglichkeiten, wie das "Marionettentheater Schloss Schönbrunn", was ich bereits erwähnte, aber auch im "Haus der Musik" können Kinder seit 2000 die Musik für sich im "Klangmuseum" entdecken.

Die "Kinderoper Papageno" war die erste mobile Kinderoper Österreichs und wurde bereits 1994 gegründet.

Zu erwähnen ist das Gehörlosenfestival, was seit 2000 jährlich von der "ARBOS-Gesellschaft für Musik und Theater" veranstaltet und vom Netzwerk "Deaf Theatre Network Europe Vienna" ausgerichtet wird.

Wien ist nicht nur als Theaterstadt bekannt, sondern auch für die Wiener Klassik. Das Wiener Musikleben ist geprägt durch Mozart, Beethoven, Johann Strauss, Gustav Mahler und

Arnold Schönberg, aber auch durch die heutigen Wiener Sängerknaben, Wiener Philharmoniker, Wiener Symphoniker, das Ensemble der Wiener Staatsoper und das Concentus Musicus Wien. Auch die Entwicklung der Wiener Musik, beginnend mit der "Wiener Schule" (Vorklassik), der "Wiener Klassik" und der "Wiener Schule"(Moderne), die in den Neunzigerjahren des 20. Jahrhunderts auch zu einem Zentrum der elektronischen Musik ergänzt wurde.

Das "Museums Quartier" umfasst die aktuelle Kulturszene seit 2001 und bietet ein abwechslungsreiches Angebot an Konzerthallen, Galerien, Ausstellungshäusern, Bühnen, Festivals und vielem mehr.

Nach so viel Kunst und Kultur empfehle ich Ihnen eine süße Stärkung für Ihre Nerven mit den Wiener Kaffeehäusern im nächsten Kapitel.

WIENER KAFFEEHÄUSER – VON PUNSCHKRAPFEN BIS ZUR SACHERTORTE

Auch Lust auf etwas Süßes? Gleich führe ich Sie durch meine Top 6 der besten Kaffeehäuser mit den tollsten Leckereien.

"Das Wiener Kaffeehaus stellt eine Institution besonderer Art dar, die mit keiner ähnlichen der Welt zu vergleichen ist." Das schrieb Stefan Zweig in seinen Memoiren "Die Welt von gestern".

Tatsächlich haben die ursprünglichen Kaffeehäuser erst einmal gar nicht so viel mit den leckeren Desserts zu tun, sondern besitzen ihren Ursprung in der "Kaffeehausliteratur".

Denn diese Cafés waren bekannt als Treffpunkt des Gedankenaustausches und des Schreibens, da viele Schriftsteller diesen Ort als Arbeitsplatz nutzten.

So fanden sich um 1890 im Café Griensteidl die Vertreter des "Jung-Wien" Arthur Schnitzler, Hugo von Hofmannsthal, Richard Beer-

Hofmann, Herrmann Behr und Felix Salten zusammen.

Dieses wurde dann nach Ende des Ersten
Weltkrieges zum Café Central und wurde regel-
mäßig von Karl Kraus, Peter Altenberg, Egon
Friedell, Oskar Kokoschka, Alfred Polgar und
Leo Trotzki besucht.

Das wiederum wurde vom Café Herrenhof
abgelöst, was unter anderem von Hermann
Broch, Robert Musil, Franz Werfel, Leo Perutz,
Joseph Roth und Otto Soyka besucht wurde,
aber am 30. Juni 2006 schloss dieses endgültig.
Café Hawelka wurde dann zum zentralen Treffpunkt vieler Künstler und Schriftsteller immer
in Konkurrenz mit dem Café Imperial und dem
Café Museum, welches von Adolf Loos gestaltet
wurde.

Dort hatten nicht nur die oben genannten
Schriftsteller, sondern auch einige Maler wie
Gustav Klimt, Egon Schiele und Oskar Koko-
schka Einzug gehalten sowie die Komponisten
Alban Berg, Franz Lehar und Oscar Straus.

Die Kaffeehausliteratur beschränkt sich
aber nicht nur auf Wien, sondern viele kamen

aus Böhmen oder auch Prag, wie die Stammgäste des Cafés Herrenhof, die zuvor im Stamm-Café Arco von Franz Kafka verkehrt hatten.

Doch wie sah so ein typisches Kaffeehaus aus?

Die Einrichtung dieser Cafés wurde von gemütlich-plüschig bis kühl-stilvoll beschrieben mit den klassischen Thonet-Sesseln aus der Thonet-Sessel-Manufaktur und Marmorplatten, die als Kaffeehaustische dienten. Viele Kaffeehäuser sind noch originalgetreu erhalten, wie das Café Prückel und das Café Westend, was dadurch seinen ganz eigenen authentischen Charme der Abgenutztheit besitzt.

Meist sah man in verschiedenen Lokalen einen Schanigarten, in dem man gut vorübergehende Leute beobachten konnte.

Viele der Cafés, wie das Prückel oder auch Central, bieten abends ab 18.00 und 19.00 Uhr Klaviermusik mit verschiedenen Themendarbietungen oder auch szenische Lesungen an. Die meisten jedoch verzichten auf die musikalische Untermalung. Wie lange haben diese Cafés eigentlich geöffnet?

Das Kaffee Alt-Wien hatte meist bis weit nach Mitternacht geöffnet, aber das Café Drechsler nur am Wochenende. Eine Ausnahme war das Kaffee Urania, was am längsten nachts geöffnet hatte, aber leider seit Januar 2016 geschlossen ist.

Doch wer kam denn jetzt überhaupt auf die Idee, ein Kaffeehaus zu gründen?

Der Armenier Johannes Theodat erhielt für seine Dienste die Hoffreiheit, das türkische Getränk als Caffè für zwei Jahre zu präparieren. Darauf eröffnete er schlicht mit einfachen Holzbänken im Hachenbergischen Hause, heute Rotenturmstraße 14, sein eigenes Kaffeehaus.

Das neue Getränk namens Kaffee wurde so beliebt, dass schnell viele Kaffeehäuser folgten, sodass es um 1900 schon 600 Kaffeehäuser gab – mit überwiegend männlichem Besuch. Dieses führte zur Entstehung von Spiel- und Rauchsalons, die ihren Treffpunkt in den Wiener Kaffeehäusern hatten.

So erklärt sich auch die oben angeführte Entwicklung der Kaffeehausliteratur, die ihren

Höhepunkt Ende des 19. Jahrhunderts und Anfang des 20. Jahrhunderts erlebte.

Durch das Aufkommen moderner Espresso-Bars und die Entwicklung des Fernsehens begann ab 1950 das Aussterben der beliebten Kaffeehäuser.

Dank des um 1990 aufkommenden neuen Interesses an den Kaffeehäusern gibt es auch heute noch typische Wiener Lokale.

Doch was wird nun eigentlich in diesen Lokalen serviert?

Typisch sind eher kleinere Speisen wie Würstel und Mehlspeisen, Kuchen sowie Torten.

Jedes Café hat seine Traditionen und Lieblingsspeisen, wie das Café Sacher die Sachertorte zum Beispiel oder das Café Hawelka seine berühmten Buchteln.

Die besten traditionellen Desserts warten jetzt auf Sie in Form meine Top 6 der besten Cafés!

1. Demels Kaffeehaus

Die Traditionskonditorei Demel im wunderschönen Rokoko-Stil wurde 1786 gegründet und gilt als Hofzuckerbäckerei des Kaisers Franz Josef I. Daher ist es kein Wunder, dass es zum beliebten Treffpunkt der Aristokratie und des Bürgertums wurde. Jede Dame, die etwas von sich hielt, musste in den ersten kalten Tagen beim Demel einkehren und die beliebte heiße Schokolade genießen. Zu Demels Delikatessen zählen kandierte Veilchen und Sorbets, Teegebäck, Cremeschnitten, Gugelhupf, Strudel, die berühmte Dobostorte und natürlich Demels Sachertorte. In der gläsernen Schaubackstube können Sie die Entstehung dieser wundervollen Dekorarbeit sowie das Glasieren der Sachertorte bestaunen.

Sie wollen nicht nur naschen, sondern auch zu Hause die Spezialitäten genießen? **Besuchen Sie unbedingt Demels Shop am Kohlmarkt 14, 1010 Wien!**

Sie sind nicht der Süßhahn und wollen eher historisch mehr über Demels Geschichte und Auslagendekorationen bestaunen? **Dann besuchen Sie das Demel Museum, in dem Sie auch wertvolle historische Objekte entdecken können.**

2. Julius Meinl

Der Meinl-Mohr, ein schwarzer Kinderkopf mit rotem, hohem Fes auf gelbem Grund, ist das Markzeichen des im Jahre 1862 gegründeten, bekannten Gewürzgeschäfts mit anfangs grünen Kaffeebohnen. Da ist es kein Wunder, dass 1999 "Meinl am Graben" als vergrößertes Delikatessengeschäft eröffnet wurde. **Das Sortiment besteht aus internationalen Produkten aus den Bereichen Tee, Kaffee, Marmelade, Süßwaren, Wein und Spirituosen.**

3. Café Sacher

Erleben Sie die berühmte Wiener Kaffeehauskultur auf Sacher-Art, natürlich mit der Original-Sachertorte. Ein entspanntes Ambiente bietet das Café Sacher mit dem roten und grünen Salon und dem Sacher Eck. **Delikatessen sind die Sachertorte und die Original-Sacher-Trinkschokolade.**

4. Café Landtmann

Es ist quasi Tradition, bevor man ins Wiener Burgtheater geht, noch vorher im Café Landtmann einen Imbiss zu sich zu nehmen. Das Denkmal-geschützte Kaffeehaus ist seit 1873 der Treffpunkt für Kunst und Sport sowie Wirtschaft und Politik. Ob Student oder Professor, Geschäftsmann oder Pensionist, Wiener oder Reisender: Für alle ist das ein beliebter Treff. **Delikatessen sind das Wiener Backhendl und das Kalbsbutterschnitzel.**

5. Eissalon Tichy

Der anfangs im Kellerlokal gegründete Eissalon Tichy verdankt seinen Namen dem Gründer Kurt Tichy Senior, nachdem die Kurt-Tichy-Gasse benannt wurde. Der Eiswarenlieferant versorgte nur Schrebergärtner, bis er 1955 übersiedelte in das heutige Lokal am Reumannplatz 13, Ecke Rotenhofgasse. Da es am beliebten Schanigarten zu finden ist, weist das Tichy bis zu 10.000 Kunden am Tag auf.

Daher ist es kein Wunder, dass es bis zu 70 Beschäftigte hat. 1967 entwickelte und patentierte Kurt Tichy Senior seine weltberühmten Eismarillenknödel, bestehend aus Vanilleeis umhüllt von Nusssplittern mit einem fruchtigen Aprikosenkern. Eine Maschine löste wegen der starken Nachfrage die Handarbeit ab und fertigt über 35.000 Knödel die Woche. **Delikatessen sind nicht nur die Eismarillenknödel, sondern auch das Nusseisbusserl, was hauptsächlich aus Nusseis und Schokoladeneis sowie einem Schokokern besteht und von Nussstückchen umhüllt ist.**

6. Café Imperial

Ein zweites Zuhause bietet dieses Café nicht nur wegen seiner beliebten Diplomatenschnitten, sondern auch durch das Hotel Imperial mit seinem traditionsreichen Ambiente und dem Esprit vieler berühmter Gäste. **Das Wiener Schnitzel und die oben genannte Diplomatenschnitte sind die Highlights des Cafés.**

Ich hoffe, die Naschkatzen kommen hier zu 100 Prozent auf ihren Hochgenuss und ebenso die Eisliebhaber. Nach etwas Süßem folgt das Herzhafte. Folgen Sie mir nun auf den Spuren des Wiener Schnitzels und anderen Leckereien.

Wiener Schnitzel & Leckereien

Bevor ich Ihnen meine Top 8 der besten Restaurants Wiens verrate, möchte ich mit Ihnen die Entwicklung der Wiener Küche, die mehrere Ursprünge hatte, anschauen.

Seit 1600 wurde die Wiener Küche stark italienisch beeinflusst was u. a. durch die Gerichte Risibisi, Melanzani und Biskotte, auch Löffelbiskuit, deutlich wurde.

Im 18. Jahrhundert bürgerte sich dann der Begriff „Bouillon" für Suppe ein, was für den französischen Einfluss sprach.

Der Begriff "Wiener Küche" erschien aber erst Ende des 18. Jahrhundert in deutschsprachigen Kochbüchern.

Der "Wiener Kongress" sorgte rasch dafür, dass Wien eine kulinarische Metropole wurde, unter anderem durch die fürstliche Bewirtung der Gäste aus aller Welt.

Mit der höfischen Esskultur entwickelte sich durch den Aufstieg des Bürgertums schnell die gutbürgerliche Küche.

Es folgte eine Reihe verschiedener Kochbücher mit diversen Esskulturen, so um 1858 "Die süddeutsche Küche", die auch erstmals polnische, südslawische, italienische, jüdische, ungarische und böhmische Rezepte beinhaltete.

Einen großen Einfluss hatte das Kochbuch "Die österreichische Küche" von der Wienerin Marie von Rokitansky um 1897, die erstmals eine Reihe vieler ländlicher Gerichte aufnahm.

Wegen der Lage nahe der Grenzen zu Ungarn, Böhmen und Mähren war es kein Wunder, dass die traditionelle Wiener Küche Gerichte wie Wiener-Fiaker und das Zigeuner Gulasch aus der ungarischen sowie den Strudel aus der türkischen Küche, aber auch Mehlspeisen wie Palatschinken, Golatschen und Knödel aus der böhmischen Küche aufwies.

Der erste Fischmarkt am sogenannten "Hohen Markt" hatte wohl die größte Bedeutung in der "Wiener Küche" und wies eine lange Tradition auf. Denn hier entstand die weihnachtliche Traditionsspeise: Die Rede ist von der berühmten Fischbeuschelsuppe oder auch Karpfenbeuschelsuppe. Diese wurde aus dem Kopf, den Gräten, Milchner und Rogen zubereitet.

Aber das wohl bekannteste und beliebteste Gericht ist das "Wiener Schnitzel", ein paniertes, gebackenes Kalbsschnitzel, serviert mit dem klassischen Erdäpfelsalat. Erfunden wurde es in der ersten Hälfte des 19. Jahrhunderts. Zuerst verbreitete es sich durch deutsche Kochbücher und war erst ab 1893 dann auch durch österreichische Autoren nachweisbar. Das Schweineschnitzel Wiener Art war die häufigste und billigste Form dieser Spezialität.

Der Tafelspitz ist die zweitliebste Leibspeise in Wien und wird mit geriebenem Kren, einer Mischung aus Semmeln und Äpfeln und oft auch Spinat serviert. Diese Spezialität finden Sie im Plachutta, was ich Ihnen in meinem Ranking genauer vorstelle.

Weitere Gerichte aus anderen Bundesländern ergänzten die Wiener Tafeln wie die Salzburger Nockerln, Tiroler Gröstl und die Kärntner Kasnudeln.

Die Würstelstände gehören mit ihren "Frankfurtern" (auch Wiener), Burenwürsten mit ihrer heißen Burenhaut und den "Käsekrainern" zu dem Stadtbild Wiens und werden gern mit Essiggurken, Pfefferoni sowie süß-scharfem Senf und einer Semmel gereicht. Weitere Leckereien dieser Stände sind der "Leberkäse" und der "Bosna", einer Art Hot Dog, nur mit Bratwurst. Eine starke Konkurrenz der Würstelbuden sind Kebab-Stände und internationales Fast-Food-Franchise.

Im Winter findet man oft "Maronibrater", die gebratene Maronen, Erdäpfel, Kartoffelpuffer und geröstete Mandeln anbieten.

Wiens Küche wurde später auch durch italienische, asiatische, chinesische vietnamesische sowie thailändische Restaurants erweitert. Zudem kamen zahlreiche Lokale geprägt durch Afrika-, Südamerika-, Griechenland-, und Balkanküche hinzu.

Aber nicht nur die Würstlstände, sondern auch die Stände des berühmten Naschmarkts bieten eine Vielzahl an Spezialitäten wie Obst, Gemüse, Gewürzen, Fisch, Fleisch und anderen Leckereien aus aller Welt an. Daher gilt dieser Markt als Spezialitätenmarkt und sollte unbedingt einen Ihrer Besuche wert sein. Neben diesen können Sie den Brunnenmarkt als längsten Straßenmarkt Europas entdecken.

Wenn Sie jetzt gut aufgepasst haben, wissen Sie, dass etwas ganz Entscheidendes fehlt, damit man diese wundervollen Gerichte genießen kann.

GENAU...WEIN!!! Denn was wäre ein gutes Menü ohne ein passendes Getränk. Viele wissen nicht, dass Wien über ein eigenes Weinbaugebiet verfügt. Das beliebte kühlende Getränk wird auch gern als "Gespritzter" getrunken, bestehend aus einer Mischung Weißwein und Soda oder auch Mineralwasser. In den Weinbaugebieten Döblings, dazugehörend Grinzing, Neustift am Walde, Nussdorf, Salmannsdorf, Sievering sowie die Gebiete in Floridsdorf (Jedlersdorf, Stammersdorf, Streberdorf), Mauer und Oberlaa, findet man kleine Lokale, auch Heurigen, in denen der Wein ausgeschenkt wird.

Doch wo können Sie am gemütlichsten und besten Speisen? Jetzt folgt meine Top 8 der besten Lokale:

1. Schnitzelwirt

Im 7. Bezirk in der Neubaugasse 52, 1070 Wien, überrascht der Schnitzelwirt mit seinen üppigen Portionen und günstigen Preisen. Einziges No-Go ist, dass Sie die Beilagen extra zahlen und meist überfüllt sitzen. Daher bitte vorher reservieren.

2. Carmen & Ich

Wenn Sie eher gemütlich und urig essen wollen, ist dieses Lokal in der Marktgasse 58, 1090 Wien, mit seinen holzvertäfelten Wänden und

Gastgarten perfekt und bietet ein gutes Schnitzel zum günstigen Preis.

3. Gasthaus Kopp

Unter die absoluten Geheimtipps zählt das Lokal in der Engerthstraße 104, 1200 Wien. Mit einem unschlagbaren Preis und einer besonders saftigen und würzigen Note überrascht das Schweineschnitzel.

4. Figlmüller

Als Erfinder des Wiener Schnitzels wirbt der "Figlmüller" in der Wollzeile 5, 1010 Wien. Das Original Wiener Schnitzel hat dort leider einen sehr hohen Preis.

5. Zum Alten Fassl

Das absolut günstigste Schnitzel vom Kalb ist hier wieder im urigen Charme mit nur 15,50 € einfach das Beste. Zu finden in der Ziegelofengasse 37, 1050 Wien.

6. Hausmair's Gaststätte

Das Besondere an diesem Karree-Schnitzel ist, dass es im Schweineschmalz gebraten wird. Das zünftige Schnitzel finden Sie in der Lerchenfelder Straße 73, 1070 Wien.

7. Zum Schwarzen Kameel

Johann Baptist Cameel richtete um 1618 eine Gewürzkrämerei ein und wegen seines Nachnamens kam er auf "Zum Schwarzen Kameel". Für immer höhere Popularität sorgte unter anderem das Obersthofmeisteramt durch die Ernennung zum Hofspezereienwarenhändler. Der Maler Ferdinand Georg Waldmüller entwarf das Logo des Lokals und gemeinsam mit Friedrich August und Ludwig van Beethoven waren dies berühmte Gäste. Die Architektenfirma Portois & Fix verlieh dem Lokal im Jahre 1901 ein neues Aussehen im Wiener Jugendstil. **Als berühmte Delikatesse ist das Wiener Schnitzel als Finger Food erhältlich, aber auch die köstliche Vitrine mit den unterschiedlich belegten Schnitten oder auch Stullen und kleine Punschkrapfen.**

8. Plachutta

Ewald Plachutta wurde bereits mit 21 Jahren Küchenchef des Hotels Astoria in Wien. Neben seiner Goldmedaille in der Kocholympiade 1968 erhielt er die Trophée Gourmet und den Michelin-Stern, wurde mit drei Hauben ausgezeichnet und zum Koch des Jahres 1991 gekürt.

Zudem erhielt er das Goldene Ehrenzeichen 2003 und seit 2005 darf er sich als Professor bezeichnen. 2013 zeichnete man ihn im Weinjournal "Falstaff" für sein Lebenswerk aus. **Ihm verdanken wir die traditionelle Rindfleischküche mit ihrem klassischen Gericht Tafelspitz.** Drei Lokale können Sie in Wien von ihm finden: **Plachutta Hietzing, Plachutta Wollzeile und das Plachutta Nußdorf.**

Gestärkt und gekräftigt, doch ein wenig müde von den vielen Erlebnissen, wollen Sie sich in Ihrem Hotel eine Pause gönnen. Doch welches ist nun günstig und gut erreichbar? Ich beantworte alle diese Fragen im nächsten Kapitel.

Neuester Insidertipp

Die Hotelbauten Wiens steigen jedes Jahr durch zahlreiche Neubauten, sodass im Dezember 2017 über 65.100 Betten den Touristen zur Verfügung standen. Obwohl viele Hotels auf ihre Sterne verzichten, sind doch immerhin 12 Prozent in der 5-Sterne-Kategorie, 48,7 Prozent in der 4-Sterne-Kategorie, 26,8 Prozent in der 3-Sterne-Kategorie und weiterhin 12,5 Prozent mit nur zwei oder einem Stern.

Meine Top 3 der besten Hotels in Wien:

1. **Das Novotel am Hauptbahnhof** hat 4-Sterne und ist durch die nahe Lage am Hauptbahnhof sehr gut angebunden. Anfangs war auch meine Skepsis groß, da es von außen nicht besonders ansprechend war und direkt dem Hauptbahnhof gegenüber. Doch der 4-Sterne-Service des Hotels und die überaus praktische Lage mit 2 Minuten zum Hauptbahnhof haben mich doch eines Besseren belehrt und das Novotel zum neuen Insidertipp für Touristen und Geschäftsleute gemacht. Warum ausgerechnet das nun auch Ihre Nummer 1 sein sollte, verrate ich Ihnen gern: Nicht nur die gemütliche Lounge im Eingangsbereich mit Computer und kostenfreiem WLAN sind einladend und dennoch bunt fröhlich eingerichtet, sondern auch der abgetrennte Frühstücksraum bietet ein reichhaltiges und ausgewogenes Büffet mit kalten und warmen Speisen. Die Betten sind bequem und komfortabel sowie Housekeeping und Personal

überaus freundlich und hilfsbereit. Tatsächlich ist der 2-minütige Fußweg zum Hauptbahnhof schnell erreichbar, das heißt einmal über die Ampel und schon erwartet Sie eine riesige Einkaufs- und Essmeile mit Shoppingcenter im Untergeschoss und direkte ÖBB-Verbindungen ins Zentrum sowie auch Zugverbindungen zum Flughafen. Schnappen Sie sich nur noch schnell beim Bäcker Ströck den bekannten rosa Punschkrapfen und die weltberühmte Mannerschnitte im Manner-Shop und schon können Sie alle Sehenswürdigkeiten bequem und schnell erreichen, dank des umfangreichen Wiener Linien-Systems.

2. **Das Zeitgast-Hotel am Hauptbahnhof** ist mit 40,- € pro Nacht preislich einfach unschlagbar und bietet ebenso durch seine zentrale Lage gute Anbindungsmöglichkeiten. Außerdem ist es sehr ungezwungen und modern eingerichtet, was für Sie eine entspannte Wohnmöglichkeit garantiert.

3. **Hotel Attaché.** Mit einem 15-minütigen Fußweg vom Zentrum ist das Hotel Attaché zwar nicht ganz so nah am Hauptbahnhof, aber bietet mit seinen 26 liebevollen und bequemen Zimmern, ausgestattet mit Bad/Dusche, WC, Haartrockner, Telefon, TV, Minibar, Safe und kostenlosem WLAN, einen besonderen Aufenthalt. Starten Sie mit einem reichhaltigen Frühstücksbuffet in den Tag und entdecken Sie u. a. das Schloss Belvedere, die Wiener Hofburg, die Wiener Staatsoper und die Karlskirche in der Nähe. Mit schlappen 41,- € pro Nacht können Sie diesen Luxus erleben.

Mit diesen Hotels sind Sie absolut auf der richtigen Seite und haben alles vor der Nase. Ein weiterer Vorteil, ein Hotel nahe dem Hauptbahnhof zu haben, ist, wenn übers Wochenende die Geschäfte geschlossen sind, können Sie einfach zum Bahnhof springen und dort finden Sie alles, was Ihr Herz begehrt.

> Deswegen mein Insidertipp für Sie:
> Suchen Sie sich immer ein günstiges Hotel, unter anderem auch über Trivago, nahe dem Hauptbahnhof, weil Sie dadurch einfach gut angebunden sind und alles gut erreichen können!

Nachdem Sie sich nun erholt haben in Ihrem Wunschhotel, lernen Sie nun Wien bei Nacht im nächsten und auch letzten Kapitel kennen.

DIE FLEDERMAUS UND DAS WIENER NACHTLEBEN

Das Wiener Nachtleben ist spannend und anspruchsvoll durch seine Vielzahl an renommierten Clubs mit internationalen DJs und einer hohen Musikqualität von Techno-Rhythmen, elektronischen Klängen und ungewöhnlichen Orten. Die Diskotheken öffnen schon um 22.00 Uhr und schließen in der Regel um 4.00 Uhr nachts, bis auf ein paar Ausnahmen.

Das Bermuda-Dreieck nahe des Donau-Kanals ist einer der wichtigsten Bereiche des Nachtlebens. Begonnen hat es in den frühen

80er-Jahren mit der alten österreichischen Taverne Krah-krah am Rabensteig 8 und ihrer Nachtschwärmer. Heute ist es eines der lebhaftesten Gebiete, dank vieler Studenten, Touristen und zahlreicher Clubs und Pubs mit guter Küche und Live-Musik.

Der Donaukanal ist ein beliebter Treffpunkt hauptsächlich im Sommer und bietet viele Aktivitäten sowie Bars am Strand und auf dem Wasser, wie das Badeschiff, was eine Bar auf einem Lastkahn ist.

Der Wiener Naschmarkt ist ebenfalls einer der lebendigsten Nacht-Bereiche und bietet Kaffee, trendige Restaurants und Bars, wie die "Naschmarkt Deli" mit ihren ausgezeichneten DJ-Sets und Cocktails.

Das Cabaret Fledermaus ist wohl die bekannteste und wichtigste Kleinkunstbühne. Hier traten unter anderem Helmut Qualtinger, Herwig Seeböck, Andre Heller, Peter Wehle, Lore Krainer, Carl Merz, Louise Martini und Michael Mohapp auf. Nachdem es von Götz Kauffmann in den Ruin getrieben wurde, musste es 1992 schließen.

1993 war es als Jazzclub "Porgy & Bess" 5 Jahre so erfolgreich, dass es sich vergrößern musste und andere Räumlichkeiten brauchte. Oliver Riebenhauer eröffnete das Lokal als Clubdiskothek erneut unter dem Namen "Cabaret Fledermaus" neu. Seitdem es von Wolfgang Strobl und Deborah Heiss übernommen wurde, finden nicht nur verschiedene Themenclubnächte, sondern auch Konzerte statt.

Über den Dächern kann man nicht nur die zahlreichen Lichter der Stadt Wiens betrachten, sondern Sie sehen u. a. den Stephansdom, das Rathaus und die Karlskirche im neuen Licht erstrahlen.

Auch die vielen bunten Lichter des Praters sind ein einmaliges Erlebnis und bieten nochmal einen ganz anderen Blick auf das wilde Nachtleben Wiens.

Um diesen wundervollen Blick über Wien wirklich genießen zu können, folgt für Sie meine Top 11 der Spitzen-Bars in der Luft:

1. 24 Hours Hotel

In der Lerchenfelder Straße 1–3, 1070 Wien, genießt man vom Dachboden des 25 Hours Hotels einen grandiosen Ausblick über die Dächer Wiens.

2. Restaurant am Donauturm

Ähnlich wie im Fernsehturm Berlins dreht sich auch dieses bekannteste Restaurant am Donauturm um 360 Grad in 100 Metern Höhe langsam, aber stetig, und ist in der Donauturmstraße 4, 1220 Wien, zu finden.

3. Akakiko – Mariahilfer Straße

Im 5. Stock des Gerngroß befindet sich das japanische Restaurant in der Mariahilfer Straße 40–48, 1070 Wien, mit einem großartigen Ausblick.

4. Café Gloriette

Einen einmaligen Ausblick auf das Schloss Schönbrunn bietet die Gloriette im Schloss, 1130 Wien.

5. Le Loft

In der Praterstraße 1 im Sofitel Vienna Stephansdom haben Sie einen Rundum-Blick über die gesamte Stadt.

6. Sky Bar

Die einzigartige Glaskonstruktion der Sky Bar bietet durch ihre zentrale Lage in der Kärntner Straße einen Blick zum berühmten "Steffl".

7. Das Turm-Restaurant

Einen besonders schönen Ausblick können Sie im 22. Stock der Wienerbergstraße 7 im 10. Bezirk genießen.

8. Do & Co Stephansplatz

Am Stephansplatz 12, 1010 Wien, kann man im Haus Haas sehr gutes Essen genießen und den Blick zum Stock-im-Eisen-Platz.

9. Schloss Wilhelminenberg

Im Wintergarten des Hotels im Schloss Wilhelminenberg und auf der Terrasse kann man auf der Savoyenstraße 2, 1160 Wien, einen Teil Wiens von oben betrachten.

10. Café Oben

Direkt auf dem Gürtel des Urban-Loritz-Platz 2a, 1070 Wien, befindet sich auf dem Dach der Wiener Hauptbücherei das Café Oben.

11. Atmosphere Rooftop

Die spektakuläre Aussicht auf die Wiener Innenstadt ist auf der Dachterrasse des Hotels "The Ritz-Carlton" einmalig, aber nur im Sommer zu genießen.

Nach diesem spannenden Aufstieg geht es nun wieder hinunter auf den Boden der Tatsachen zurück in die Arbeitswelt, denn irgendwann endet jeder Urlaub und auch jede Nacht.

Nach dieser spannenden Führung durch Wien geht es nun ins Bett, um am nächsten Morgen freudig aufzuwachen, denn Sie wissen jetzt, wie wunderschön Wien sein kann.

Packliste

Geld & Finanzen

O (evtl.) Auslandswährung
O Bargeld
O Bauchtasche
O Brustbeutel
O Bauchtasche
O EC-Karte
O Kreditkarte
O Notfall-Telefonnummern der Banken
O Portmonee

Hygiene

O Haarbürste / Kamm
O Deo (klein)
O Shampoo
O Kulturtasche
O Sonnencreme
O Taschentücher

O Reise-Zahnbürste und Zahnpasta
O Verhütungsmittel

Kleidung

O Badeklamotten
O Gürtel
O Hosen kurz / lang
O Mütze / Cap / Hut
O Pullover
O Regenjacke
O Schlafanzug
O Socken
O Sonnenbrille
O Sportklamotten / Jogginghose
O T-Shirts
O Unterwäsche

Medikamente

O Blasenpflaster
O Anti-Durchfalltabletten
O Erste-Hilfe-Set

O Fiebertabletten

O Fiebertabletten

O Mückenschutz

O sonstige Medikamente

O Pflaster

O Kopfschmerztabletten

Unterlagen & Papiere

O ADAC Unterlagen

O Adresslisten für Postkarten

O Krankversicherungsnachweis

O Stadtplan

O Führerschein

O Unterlagen für die Unterkunft

O Wasserdichte Hülle für Reiseunterlagen

O Impfausweis

O Mietwagenunterlagen

O Personalausweis

O Reisepass

O Reisetagebuch

O evtl. Studentenausweis

O evtl. Visum
O Zug- / Bahn- / Flugticket

Taschen & Rucksäcke

O Koffer / Trolley / Reisetasche
O Regenhülle für Rucksack
O Rucksack

Schuhe

O Badeschlappen / Hausschuhe
O Schuhe und Wechselschuhe

Sonstiges

O Brille / Kontaktlinsen und Etui
O Buch zum Lesen
O Ohrenstöpsel und Schlafmaske
O Regenschirm
O Reisedecke
O Wasserflasche
O Wörterbuch

Elektronik

O Digitalkamera
O Handy
O Ladekabel
O Kopfhörer
O evtl. Steckdosenadapter
O Power-Bank

Herstellung und Verlag:

BoD – Books on Demand, Norderstedt

ISBN: 9783751901154

1. Auflage

Kontakt: Psiana eCom UG/ Berumer Str. 44/ 26844 Jemgum

Covergestaltung: Fenna Larsson

Coverfoto: depositphotos.com